O UNIVERSO TEM UMA QUEDA PELOS CORAJOSOS

wandy luz

O UNIVERSO TEM UMA QUEDA PELOS CORAJOSOS

4ª edição

Rio de Janeiro | 2024

CIP-BRASIL. CATALOGAÇÃO NA PUBLICAÇÃO
SINDICATO NACIONAL DOS EDITORES DE LIVROS, RJ

L994u

Luz, Wandy
    O universo tem uma queda pelos corajosos / Wandy Luz – 4ª ed. Rio de Janeiro: BestSeller, 2024.

    ISBN 978-65-5712-320-1

    1. Autoestima. 2. Relações humanas. 3. Autoconfiança. 4. Técnicas de autoajuda I. Título.

23-86108

CDD: 158.1
CDU: 159.923.2

Meri Gleice Rodrigues de Souza – Bibliotecária – CRB-7/6439

Texto revisado segundo o novo Acordo Ortográfico da Língua Portuguesa.

Copyright © 2023 by Wanderleia Silva da Luz
Copyright da edição © 2023 by Editora Best Seller Ltda.

Todos os direitos reservados. Proibida a reprodução, no todo ou em parte, sem autorização prévia por escrito da editora, sejam quais forem os meios empregados.

Direitos exclusivos de publicação em língua portuguesa para o mundo adquiridos pela
EDITORA BEST SELLER LTDA.
Rua Argentina, 171, parte, São Cristóvão
Rio de Janeiro, RJ – 20921-380
que se reserva a propriedade literária desta edição.

Impresso no Brasil

ISBN 978-65-5712-320-1

Seja um leitor preferencial Record.
Cadastre-se no site www.record.com.br e receba informações sobre nossos lançamentos e nossas promoções.

Atendimento e venda direta ao leitor:
sac@record.com.br

Sumário

Introdução   9

Aprender

Da vida, sou aprendiz   15
Aprenda a se amar pelo caminho   16
Algumas lições não podem ser chamadas de amor   17
Quem você deseja ser na eternidade?   19
Crises são oportunidades de transformação   21
Algumas despedidas nos libertam   23
Tudo muda o tempo todo   24
Sucesso é compromisso com a nossa evolução   25
A dor muda as pessoas   26
Tempo para crescer, tempo para viver   28
A liberdade do sim e do não   29
O vento que leva é o mesmo que traz   30
O tempo passa e finalmente aprendemos   32
Então, seja!   34
Abrace a jornada da vida com gratidão e coragem   35
Um mergulho profundo em nós mesmos   37

Acreditar

O universo tem uma queda pelos corajosos	41
Solavancos ocasionais, quedas avassaladoras	42
Incondicionalmente leal	44
"When it rains it pours"	46
As coisas que aprendi com Van Gogh	48
O herói da nossa história	51
"Há liberdade esperando por você nas brisas do céu"	53
Às almas gentis e aos corações corajosos, sim	55
Mergulhe de cabeça em você!	57
Flertar com as infinitas possibilidades da vida	59
"Gambling" com a vida	61
Tudo começa em mim	62
Seguir em frente é necessário	63
Não quero carregar "quases" na mala	65
Permitir que novas histórias aconteçam	67
Vida, eu não tenho medo. Me chama que eu vou	69
Seguir adiante, não importa o que aconteça	71
Só precisa fazer sentido para você!	73
O verão da sua alma te espera	74
Sem correr riscos não é possível fazer história	75

Aceitar

Algumas perdas, muitos encontros	79
Despedidas	81

Livres e totalmente responsáveis pelas nossas escolhas	83
A força do imprevisível é absoluta, irrevogável	85
Pelos sussurros da minha intuição	87
A fluidez da vida	88
Nada é em vão, ninguém é por acaso	89
A força do que é possível	90
Apenas um momento	91
Até que já não fosse mais possível olhar para trás	92
Entregar-se e confiar no fluxo liberta	94
Todas as partes de nós	95

Amar

O amor que mereço receber de mim	99
Através das lentes do amor	100
O bem é o denominador comum	102
Me ame, mas me deixe livre	104
Gentilmente, oferecer-lhes a nossa ausência	106
Borboletas na alma	108
Veemência, vigor, vontade	109
O amor prevalece em mim	110
O amor é, acima de tudo, uma escolha	112
O que ninguém mais pode fazer	114
O seu melhor é a coisa mais linda sobre você	115
Não estamos sozinhos	116
Se você me quer, não me queira em segredo	118

Que nunca nos faltem café e amor — 120
Uma música que ecoa pela eternidade — 122

Agradecer

Viver é sentir, e sentir é viver — 127
O pulsar da gratidão — 129
Um lugar onde a luz sempre brilha — 130
Nada pode deter uma pessoa que olha a dificuldade nos olhos e não tem medo de falhar — 131
E valeu a pena! — 133
Quem cultiva a gratidão contabiliza suas bênçãos — 134

Suspiros da alma — 137

Introdução

A metamorfose é, de fato, irreversível. Depois de atravessar processos intensos e extremos, não podemos retornar à forma original, pois cada experiência molda a realidade e nos transforma de maneira única. Assim como a lagarta não pode reverter sua transformação em borboleta, nós também não podemos desfazer as mudanças internas que ocorrem depois que enfrentamos os desafios mais profundos da vida.

Essa metamorfose muitas vezes é precedida por momentos de escuridão, quando nos encontramos imersos em uma profunda busca por significado e compreensão. Algumas circunstâncias nos empurram para limites que nunca pensamos existirem, obrigando-nos a enfrentar nossos medos, nossas inseguranças e nosso desconhecido interior. É um processo doloroso e assustador, no qual a sensação de ruptura pode ser avassaladora. Mas é nesse ponto que a transformação se inicia.

Assim como a lagarta tece seu casulo para se proteger durante sua metamorfose, também encontramos meios para nos protegermos durante os momentos mais desafiadores. À medida que nos permitimos aceitar a escuridão e explorar suas profundezas, começamos a reconstruir a nós mesmos de maneira diferente. Lentamente, as antigas camadas caem, dando lugar a uma nova consciência e perspectiva. A dor da mudança é substituída pela sensação de renovação.

As muitas metamorfoses que vivenciei me convidaram para uma eletrizante jornada de autodescoberta e crescimento. Conforme emerjo dessa jornada, percebo que sou mais forte do que jamais imaginei, e você também é. Nossos caminhos se cruzaram e minha escrita te alcançou porque o que nos conecta é a nossa força, nossa vontade de ir além.

As cicatrizes que carregamos são testemunhas silenciosas de nossas batalhas interiores, símbolos de superação e triunfo sobre as tribulações. Mas a irreversibilidade da metamorfose não significa que estamos presos em um estado final; continuamos a evoluir, a aprender e a crescer. Assim como a borboleta expande suas asas recém-formadas para explorar o mundo, nós também abraçamos as oportunidades que a vida nos apresenta. Cada dia é uma nova chance de nos reinventarmos, de acrescentarmos cores ao quadro em constante mudança da nossa existência. Isto é o que me motiva a escrever e compartilhar com cada coração que se conecta ao meu todas as verdades que ressoam em minha alma.

A metamorfose irreversível é um lembrete de que somos capazes de nos transformar e nos adaptar, de encontrar beleza em nossa evolução contínua. Aceitar a natureza implacável da mudança nos liberta e possibilita abraçar todas as etapas da vida com gratidão e coragem, sabendo que cada experiência nos molda e nos prepara para voar mais alto em direção ao desconhecido.

No silêncio do seu casulo, escute, aprenda, descanse. E, quando a metamorfose acontecer, voe. Atreva-se. Desbrave. Explore. Mergulhe em si mesmo. Aprofunde-se em suas paixões e aptidões. Viva seus processos com disposição e coragem, pois os ventos do amor sussurraram no meu ouvido que o universo tem uma queda pelos corajosos!

APRENDER

Da vida, sou aprendiz

Diante dos mistérios do mundo, me abro ao conhecimento e anseio por compreendê-los. Aceito que nem tudo está sob meu controle, e, em vez de resistir, entrego-me ao fluxo da existência. Com coragem, me lanço ao inexplorado, buscando experimentar e desbravar novos horizontes. Reconheço que o sofrimento e a dor são inevitáveis, mas enfrento-os com humildade, pois escolho encará-los como oportunidades de aprender.

Perante os obstáculos que surgem no caminho, não recuo nem desisto, pois carrego em mim uma intensa sede de viver. Cada momento é precioso e não quero desperdiçar a chance de ser feliz. Sigo como aprendiz da vida, sempre disposta a crescer, evoluir e abraçar o que o universo tem a me oferecer.

Aprenda a se amar pelo caminho

Perdoe-se por ter feito escolhas que te causaram dor. Por priorizar pessoas que soltaram sua mão enquanto você se esforçava para segurar mais forte. Perdoe-se por sentir tanto e por se doar demais. Faça as pazes com o destino. Aprenda a se absolver da culpa que carrega e jamais peça desculpas por ser tudo o que você é. E, se não for possível amar a jornada, aprenda a se amar pelo caminho.

Algumas lições não podem ser chamadas de amor

Quando se trata de amor romântico, a maioria de nós tem medo de não encontrar a pessoa certa. E às vezes nos preocupamos tanto com essa busca que deixamos de perceber o grande perigo que é permanecer ao lado da pessoa errada. Eu, particularmente, acredito que cada indivíduo que cruza o nosso caminho tem algo a nos ensinar, mas também é fato que, por mais que nos esforcemos e desejemos que tudo dê certo, algumas lições não podem ser chamadas de amor.

Certas pessoas entram na nossa vida apenas para serem aprendizados. Quando nos tornamos obcecados com a idealização que fazemos de alguém, fechamos os olhos para todos os sinais e bandeiras vermelhas que apontam o perigo iminente de perdermos nossa essência ao nos apegarmos a quem não merece permanecer ao nosso lado.

É importante reconhecer que nem todos os encontros resultam em histórias de amor. Às vezes essas experiências são apenas oportunidades para aprendermos sobre nós mesmos e sobre o que realmente desejamos em um relacionamento saudável. Quando insistimos em forçar uma conexão com alguém que não se encaixa em nossa vida, corremos o risco de nos afastar do nosso verdadeiro eu, sacrificando nossa felicidade e bem-estar.

Por isso, é fundamental aprender a discernir entre as pessoas de quem apenas podemos extrair lições e aquelas que realmente merecem nosso amor e dedicação. Sempre que nos mantemos fiéis a quem somos e respeitamos nossos valores, ficamos mais preparados para reconhecer e cultivar relacionamentos genuínos e enriquecedores.

Quem você deseja ser na eternidade?

Somos todos habitantes de um universo particular, e cada existência é única. Dentro da complexidade de nossos mundos interiores repousam mistérios e segredos que demandam dedicação para serem desvendados. Somente nós possuímos a chave única, poderosa e mágica que responde ao nosso comando. Esse comando emana do coração de cada um de nós, de nossas intuições e da voz da energia suprema que rege tudo o que existe.

O mundo externo é caótico e repleto de distrações. Uma intenção sorrateira e letal espreita nelas: nos afastar de nossa essência — o propósito dessas distrações é nos fazer esquecer que somos mais do que mero corpo físico. Elas tentam nos convencer de que a felicidade e a validação de nossa existência dependem apenas da conquista de bens materiais.

É verdade que, como seres inseridos no mundo material, necessitamos de satisfação e realização. Torna-se um problema, porém, quando reduzimos nossa existência a esses desejos. Ao nos deixarmos cegar pela ambição ou pela amargura diante daquilo que ainda não foi conquistado, nos distanciamos da nossa humanidade e nos tornamos perigosos. Perdemos a capacidade de sentir amor, empatia e compaixão pelo próximo, e, assim, o mundo se transforma em uma incessante competição. A vida se torna uma corrida para superar os outros, em vez de uma jornada rumo ao crescimento pessoal e ao bem-estar coletivo.

Por isso, acredito ser fundamental refletirmos sobre a verdadeira essência do legado que desejamos deixar para a posteridade. Quando chegar o momento da nossa partida, o que vamos levar conosco? E o que vamos deixar para trás, impresso na memória daqueles que cruzaram nosso caminho?

O legado mais significativo é a maneira como tocamos a vida das pessoas. As lembranças mais valiosas *não* são aquelas que revelamos bens materiais ou títulos acadêmicos conquistados, mas sim as que gravam o modo como fizemos os outros se sentirem. Nosso sorriso cativante, nosso abraço caloroso e nossa companhia acolhedora ecoarão na memória daqueles que nos conheceram.

O que realmente importa é quem somos como seres humanos e de que maneira espalhamos amor, bondade e generosidade ao nosso redor. Que possamos nos esforçar para sermos seres humanos melhores, conectados à nossa humanidade, criando um mundo mais harmonioso e amoroso para todos nós. Essa é a herança verdadeiramente valiosa que podemos deixar para a posteridade.

Crises são oportunidades de transformação

Ao longo dos meus trinta e poucos anos, enfrentei diversas crises: existenciais, nos relacionamentos, profissionais, crises de ansiedade e de pânico. E posso afirmar com convicção que todas elas me ensinaram valiosas lições.

A palavra "crise" costuma ser associada a momentos de tensão e desordem, o que nos leva automaticamente a pensar em algo negativo. No entanto, quando olhamos para sua origem, descobrimos que ela vem do verbo grego "krino", que significa "eu julgo e escolho". Cada uma das crises que atravessam nossa vida representa uma oportunidade para avaliarmos e decidirmos o que nos levou àquela situação de desordem e tensão. Podemos questionar o que é possível e necessário mudar em nossa conduta, crenças, consciência e padrões de pensamento.

Diante das crises, temos o poder de escolher como reagir — e como agir —, e é justamente nesse poder de escolha que encontramos as oportunidades de crescimento e transformação. Assim, em vez de temer as crises, podemos encará-las como convites para reflexões que levarão a mudanças. São momentos cruciais em que temos a chance de reavaliar nossas prioridades, ajustar os caminhos e ampliar a consciência sobre nós mesmos e o mundo ao nosso redor.

Algumas despedidas nos libertam

Há quem chegue, bagunce, machuque, ensine e vá embora. Há quem chegue inesperadamente e, com gentileza, nos faça entender por que todos os outros partiram.

A porta de entrada da nossa vida deve estar sempre aberta, decorada com flores perfumadas de esperança. A porta de saída deve estar sempre iluminada e ao alcance dos olhos daqueles que decidem fazer morada no nosso coração.

É preciso amar sem apego. É preciso oferecer liberdade a quem amamos para que permaneça somente quem faz questão, somente quem faz por onde, somente quem pode reciprocar o amor que estamos dispostos a dar.

Tudo muda o tempo todo

A nossa experiência na Terra é fluida. Ninguém é uma coisa só. Ninguém é igual ao que era um ano atrás. Viemos aqui para aprender, e o agente propulsor das grandes lições é a transformação. Tudo está em constante mudança.

Esteja em paz com a impermanência. Aceite o convite para viver o presente, o agora. O amanhã será sempre uma promessa, nunca uma certeza.

Sucesso é compromisso com a nossa evolução

O verdadeiro sucesso está no compromisso que firmamos com nosso crescimento pessoal. É trabalhar incansavelmente em nosso próprio desenvolvimento. É descobrir e explorar a força interna que habita em nós. É o respeito por si mesmo, o discernimento que permite saber a hora exata de sair de cena, de encerrar um ciclo que possa comprometer nossa dignidade e integridade.

O verdadeiro sucesso é o que fazemos para construir e aperfeiçoar nosso caráter. O sucesso se dá pela consistência, pelo compromisso com a evolução constante, com a habilidade de sermos bons e de fazer o bem. O que acontece depois disso é um bônus, uma consequência natural de nossos esforços.

A dor muda as pessoas

Já provei inúmeros sabores ao longo da vida, mas jamais vou esquecer o gosto da chuva misturada com as lágrimas que derramei em um dia tempestuoso e marcante de 2022. Chuva torrencial, vento forte e trovões tanto do lado de fora como do lado de dentro. Eu caminhava sem rumo, enquanto processava a dura realidade de ter sido traída por uma das pessoas que mais amei na vida. Caminhava, chorava e permitia que a chuva lavasse minha alma naquele momento.

Doeu, doeu muito! A dor da traição é talvez uma das mais difíceis de curar e superar. Mas digo com alegria que superei, e, apesar de todo o estrago que isso causou, talvez tenha sido uma das melhores coisas que já me aconteceram. Foi um divisor de águas na minha vida e o que eu precisava para finalmente aprender a me olhar da maneira certa, a me valorizar e me amar por inteiro.

Ironicamente, foi sendo desrespeitada que aprendi a me respeitar. Foi diante da deslealdade que aprendi mais sobre os meus valores e os fortaleci.

Porque a verdade é que a dor transforma as pessoas. Não romantizo o sofrimento, mas sou grata por tudo o que ele me ensinou. Os desafios nos tornam mais fortes, mas, antes disso, costumamos hesitar, titubear e às vezes até cair. Sim, caímos, mas nos levantamos e seguimos em frente. Sempre os mesmos, mas nunca iguais.

Tempo para crescer, tempo para viver

Não pule etapas. Não tente acelerar os processos que talvez estejam levando mais tempo do que você gostaria. Permita-se o tempo apropriado para se curar. Permita-se o tempo necessário para perdoar quem precisa ser perdoado, inclusive a si mesmo.

Permita-se tempo suficiente para reconhecer, acolher e aprender com os erros do passado. Agradeça pelas lições. Incorpore as lições. Permita-se tempo para crescer, esteja disposto a aceitar a vida como ela se apresentar a você e lembre-se de que algumas fases pelas quais precisamos passar chegam para nos ensinar a ter paciência.

Um dia você vai agradecer a si mesmo por ter se dado tempo para se tornar a pessoa que se tornou. Um dia, vai entender por que a vida te fez esperar.

A liberdade do sim e do não

O que decidimos aceitar em nossa vida é uma das maiores responsabilidades que carregamos, porque, de fato, é algo que está em nossas mãos. Temos o poder de recusar o que não nos faz bem.

O livre-arbítrio é um grande presente que a vida nos oferece. Podemos criar e estabelecer limites em relação a qualquer pessoa, a qualquer momento. Eu sei que isso pode ser mais fácil de falar do que de fazer, mas a verdade é que temos a liberdade de dizer "sim" ou "não". Sempre teremos a possibilidade de dizer "Chega, isso eu não tolero mais".

É essencial explorar, descobrir, conhecer e definir limites. Devemos nos posicionar com respeito, mas também com firmeza. Lembre-se de que se colocar em primeiro lugar não é egoísmo, mas sim uma forma pura de amor. Quando amamos a nós mesmos de maneira incondicional e priorizamos nosso bem-estar e nossa saúde, todos ao redor também se beneficiam.

Portanto, fique atento às coisas que tem aceitado. Seja diligente e persistente quando se trata da sua paz, leveza e felicidade. Valorize-se e cuide-se sempre, pois isso terá um reflexo positivo em todos os aspectos da sua vida.

O vento que leva é o mesmo que traz

A vida é engraçada, não é mesmo?

Rostos e vozes familiares que deixam de fazer parte do nosso convívio e, estranhamente, passam a não fazer tanta falta assim. Promessas são levadas pelo vento. Amores que pensamos ser para a eternidade se perdem no tempo. Mas o vento que leva é o mesmo que traz. Quando menos esperamos, somos surpreendidos pela brisa suave da perspectiva.

    O novo é empolgante e nos faz voltar a suspirar. E, depois de um tempo, talvez nem sonhemos mais com a eternidade, apenas permitimos que a intensidade, mesmo quando acompanhada da brevidade, nos visite. Permitimos que nosso coração se entregue com emoção. Então percebemos que nunca foi e nunca será sobre o tempo, mas sim sobre o impacto que algumas pessoas causam. Pessoas que antes eram constantes se tornam estranhas da noite para o dia. Pessoas que acabaram de chegar passam a exercer um inesperado protagonismo em nossa vida e em nosso coração. Talvez essa seja uma das coisas mais bonitas e, ao mesmo tempo, mais dolorosas sobre os encontros e os desencontros que a vida proporciona.

Sim, a vida é mesmo engraçada!

O tempo passa e finalmente aprendemos

O tempo passa e nós aprendemos a não ter mais tanto medo da solidão, porque percebemos que estar rodeados de pessoas que não nos oferecem verdade e reciprocidade é muito mais assustador. O tempo passa e finalmente aprendemos que nem todos os que chegam vão permanecer e que nem toda rejeição precisa dilacerar.

Com o tempo, entendemos que algumas batalhas não serão vencidas, que desistir não significa fracassar e que nem tudo que desejamos é benéfico para nós. Tudo bem conviver com a decepção, com um coração partido e algumas desilusões, porque é assim que aprendemos e crescemos.

Graças a todas as adversidades, os desafios, tombos e feridas é que finalmente aprendemos que estar em paz é bem melhor do que ter razão. Então entendemos que as explicações se tornam desnecessárias, quando as pessoas previamente decidiram não entender nossos motivos.

Quanto mais o tempo passa, mais percebemos que o que realmente importa é a leveza do espírito e a liberdade que conquistamos quando decidimos perdoar e seguir em frente, carregando em nosso coração somente o que é bom, o que agrega, o que nos ensina e o que nos torna seres humanos melhores.

Então, seja!

Precisamos estar em constante movimento, aprendendo, nos desafiando, crescendo, nos transformando, nos permitindo, vivendo. Leia, explore, viaje, descubra. Descubra-se. Aprender e conhecer coisas, pessoas e lugares novos expande nossos horizontes e adiciona versatilidade à nossa vida. Você não deveria ser a mesma pessoa que era há um ano.

Crie novos hábitos, mude, refaça, reveja, recomece. Melhore em todos os sentidos, em todos os âmbitos, e não se importe com o que vão pensar ou dizer. Quando nos comprometemos com nosso crescimento, nossos sonhos e objetivos, mesmo sem querer, causamos incômodo. Por isso, é importante mantermos nossa confiança em relação aos planos para o futuro, permanecermos focados no que almejamos, sem nos importarmos tanto com o que os outros irão dizer ou pensar.

Sua vida é sua arte. Trilhe uma jornada poética, inspiradora, e jamais perca a capacidade de ressignificar, refazer e recriar o que não te serve, o que não te faz bem. Jamais perca a capacidade de se encantar pelos pequenos e significativos detalhes do dia a dia.

Lembre-se de que o objetivo é ser feliz. Então, seja!

Abrace a jornada da vida com gratidão e coragem

Na quietude da nossa mente, quando estamos sozinhos com nossos pensamentos, somos confrontados com as marcas indeléveis de nossas escolhas passadas. É em momentos como esses que nos vemos diante das chances desperdiçadas e das oportunidades que escaparam por entre nossos dedos.

Essa introspecção pode ser um exercício doloroso, mas também extremamente revelador, pois nos leva a encarar o que poderia ter sido. As vozes internas ecoam incessantemente, questionando as decisões tomadas e nos desafiando a enfrentar os medos e fraquezas. A nostalgia se instala e a sensação de arrependimento nos envolve como um abraço sufocante.

Mas é importante perceber que, ainda que angustiante, há beleza na experiência de revisitar e analisar nossas escolhas. É reconfortante constatar que, apesar de tudo, temos sempre a chance de aprender com o que nos aconteceu. A vida está repleta de segundas chances e oportunidades renovadas esperando que tenhamos coragem de agarrá-las.

Embora não possamos voltar no tempo para mudar nossas decisões, podemos transformar a dor em aprendizado. Podemos cultivar a sabedoria adquirida e usá-la para guiar nossos passos no presente e no futuro. Recordar as chances desperdiçadas é um lembrete constante de que somos humanos e imperfeitos.

Não somos seres infalíveis, fomos criados para falhar e então decidir o que faremos com as consequências dos nossos erros — esse é nosso grande desafio nesta passagem terrena. Não olhe para trás com remorso. Abrace a jornada que a vida propõe a você com gratidão e coragem.

Cada experiência, seja ela uma oportunidade perdida ou um sucesso alcançado, molda a pessoa que nos tornamos. Afinal, foi por meio de erros e acertos que chegamos até aqui.

Um mergulho profundo em nós mesmos

A solitude é um estado precioso no qual podemos recarregar as baterias da alma, ouvir as respostas que só o silêncio é capaz de oferecer. É um lugar de reconexão, de revisão e de autoconhecimento.

No turbilhão da vida moderna, estamos constantemente sendo distraídos por atividades, responsabilidades e estímulos. O mundo ao redor nos puxa em múltiplas direções. É assim que nos perdemos e nos distanciamos de nós mesmos.

A solitude nos convida a dar um passo atrás, a encontrar refúgio no silêncio, na tranquilidade e no aparente vazio. Ao nos afastarmos do barulho exterior, temos a oportunidade de mergulhar profundamente em nosso mundo interior. E é nesse espaço de quietude que podemos nos sintonizar com nossos pensamentos, sentimentos e anseios mais genuínos.

É na solitude que nos confrontamos, sem distrações ou máscaras sociais. Encaramos nossos medos, inseguranças e conflitos internos, mas também descobrimos forças, talentos e virtudes ocultos. É na solitude que aprendemos a valorizar nossa própria companhia e a encontrar paz em nossa singularidade.

É importante ressaltar que solitude não deve ser confundida com isolamento ou solidão. Ela é uma escolha consciente de silenciar o mundo exterior por um tempo, mas isso não significa que estejamos permanentemente desconectados dos outros. Pelo contrário, a solitude nos fortalece para estabelecer conexões mais autênticas e significativas com aqueles que nos cercam.

Abraçar a solitude é um ato de autocuidado e amor-próprio. É uma oportunidade para nos reconectarmos com nossa essência, nutrirmos nossa alma e encontrarmos direcionamento em meio ao caos. É um mergulho profundo em nós mesmos, que nos permite emergir renovados e fortalecidos para enfrentar os desafios da vida com serenidade e sabedoria.

ACREDITAR

O universo tem uma queda pelos corajosos

É provável que nunca estejamos verdadeiramente prontos para lidar com aquilo que a vida coloca em nosso caminho. Talvez a gente nunca sinta que é bom o suficiente para realizar os sonhos que o nosso coração cultiva. Nem sempre sabemos usar as palavras certas, nem sempre sabemos a hora certa de usá-las. Raramente vamos ter respostas para os questionamentos que volta e meia a vida nos impõe.

Contudo, o que importa diante desses fatos é que a gente se atreva. Que tenhamos disposição e coragem. Que não autorizemos que o medo nos impeça de avançar. Podemos começar com o que temos, com o que sabemos, de onde estamos. Um passo de cada vez. Um dia de cada vez.

O universo tem uma queda pelos corajosos e conspira a favor daqueles que ousam sonhar.

Solavancos ocasionais, quedas avassaladoras

Volta e meia somos surpreendidos por um chacoalhão da vida. Como se alguém estivesse nos implorando para despertarmos e prestarmos atenção ao que existe além do nosso campo de visão e compreensão. Independentemente daquilo em que escolhemos acreditar e que decidimos tomar como a verdade que rege nosso caminho, tem sido cada vez mais difícil ignorar o fato de que não estamos aqui por acaso.

Percebo que muitas vezes precisamos sofrer quedas avassaladoras para engolir um pouco de poeira; e, ao nos levantarmos e olharmos para nós mesmos por outra perspectiva, a vida se encaminha para uma nova rota, um caminho que talvez faça — e nos dê — mais sentido.

Os solavancos ocasionais servem para nos despertar do transe que às vezes nos acomete e nos transforma em semizumbis, caminhando pela vida totalmente alheios ao que deveria ser observado, absorvido e vivido.

Bom seria se pudéssemos aprender, crescer e evoluir sem sofrer, mas infelizmente (ou felizmente) não é assim que acontece. Sem querer romantizar o sofrimento e a dor, mas se não fossem esses solavancos e quedas talvez não conseguíssemos ampliar e expandir nossos horizontes, nossa consciência e nossa percepção para finalmente enxergar a vida da maneira que ela merece ser vista.

Incondicionalmente leal

Considero a lealdade um dos pilares mais importantes para construir qualquer tipo de relacionamento que se propõe a ser sólido. Embora já tenha confundido fidelidade com lealdade, aprendi na prática que existe uma diferença significativa entre as duas coisas. A fidelidade é quase como um acordo, uma promessa condicionada ao comportamento, ao comprometimento e às atitudes do outro. Já a lealdade, no meu entendimento, é um valor intrínseco e incondicional. Uma pessoa é leal porque faz parte de quem ela é e ponto.

Há algum tempo, deparei com uma frase que me marcou: "Erros são compreensíveis, a deslealdade não." Em diversas ocasiões vivenciei isso, e, embora tenha perdoado aqueles que foram desleais comigo, eles jamais voltaram a ocupar o espaço que um dia tiveram na minha vida e no meu coração.

A lealdade é um valor inegociável para mim, e essa descoberta tem me ajudado a selecionar cuidadosamente as pessoas com quem me relaciono. Entendi que identificar e fortalecer nossos valores é crucial para obter sucesso em todas as áreas da vida. Uma vez ciente do que é realmente importante para nós, jamais devemos sequer considerar negociar nossos princípios para manter em nossa vida pessoas que talvez não tenham medo de nos perder.

"When it rains it pours"

Essa expressão é amplamente usada no inglês e, essencialmente, significa que as coisas, sejam elas boas ou ruins, acontecem todas de uma só vez. Em português, poderíamos traduzir como "quando chove, dá tempestade".

De fato, em alguns momentos da vida somos surpreendidos por uma enxurrada de coisas boas, enquanto em outros somos nocauteados por uma sucessão de acontecimentos ruins, que chegam como golpes de direita, sem chance de defesa ou recuo.

Houve uma época em que eu constantemente temia o que estava por vir. As pancadas que já levei da vida me desestabilizaram a ponto de me fazer acreditar que dar tudo errado era o normal. Mas a vida, com sua gentileza e amorosidade, foi me acariciando aqui e ali, tratando com calma e paciência as feridas invisíveis que eu carregava e me ensinando que, embora a chuva por vezes dê tempestade, depende de mim escolher prestar atenção nos trovões e sentir medo ou admirar e me encantar com a força e imponência da água que cai.

Aprendi que posso temer a inundação ou me permitir a diversão de dançar na chuva. Posso ter medo dos raios ou aproveitar os segundos de luz que eles trazem em meio à escuridão das nuvens carregadas que sempre acompanham as tempestades. A vida me mostrou que, em meio ao caos, sempre será possível encontrar um ponto de paz; em meio à dor, por mais dilacerante que seja, sempre será possível encontrar um pouco de amor.

As coisas que aprendi com Van Gogh

Conhecer com mais profundidade a história e a trajetória de Vincent van Gogh me emocionou muito. E quando digo que me emocionou falo no sentido literal da palavra. Chorei lendo o livro *Cartas a Théo*, chorei vendo o filme, chorei quando visitei em Londres uma mostra em sua homenagem.

Talvez possa parecer exagero para alguns, mas me toca profundamente o fato de que ele jamais saberá a importância, o significado e o impacto que o trabalho, a arte e a dor dele deixaram no mundo.

Eu acredito que a história de vida de Van Gogh pode nos ensinar muito, e o que mais me chama a atenção é o fato de que ele nunca acreditou que era um bom pintor. Ele, na verdade, passou a maior parte da vida perdido, buscando incansavelmente por um propósito, pelo seu propósito. Em muitas de suas cartas para o irmão mais novo, Théo, Van Gogh afirmou *que não servia para nada*.

Por influência de sua família, principalmente do pai, que era pastor, ele se dedicou por muito tempo à religião e ao estudo da Bíblia. Durante um período, se tornou obcecado pela religião, tentou trabalhar como pastor e lecionar lições bíblicas em algumas escolas, mas falhou miseravelmente em todas essas empreitadas. Falhava e se culpava. Falhava e se diminuía, pois sentia que não era bom em nada. Que não existia espaço para ele no mundo. Em uma das cartas para o irmão que tanto o ajudou, ele diz que se sentia como um pássaro preso em uma gaiola.

No lugar errado, com as pessoas erradas e fazendo algo que não é aquilo pelo que seu coração e sua alma verdadeiramente anseiam, você vai falhar. Quanto mais tempo perdermos insistindo em fazer coisas que não amamos, atividades em que não somos bons, mais incapazes e frustrados nos sentiremos. Vincent van Gogh entendia que era preciso se conhecer, era preciso descobrir e viver seu propósito, mas, por muitos anos — durante a maior parte de sua vida, eu diria —, as vozes do mundo falaram mais alto que a voz de seu coração.

Para sermos geniais, para marcar a história e nos tornarmos imortais, não precisamos de muito tempo fazendo o que viemos de fato fazer. Por isso o clichê de que "nunca é tarde demais" é muito real e atual. Nunca é e nunca será tarde para vivermos os sonhos do nosso coração.

A família decidiu no lugar de Van Gogh diversas vezes. Pais, tios, se reuniam e determinavam para onde ele deveria ir e o que deveria fazer. E, mesmo que isso caiba naquele tempo e lugar da história por questões sociológicas e culturais, ainda hoje muitos de nós permitimos que outras pessoas escolham as direções que devemos seguir.

A única pessoa que o apoiava e se preocupava em ouvir o que ele tinha a dizer era seu irmão Théo. Van Gogh vivia, inclusive, das gentis doações do irmão, porque nunca conquistou o sucesso profissional e a liberdade financeira. Para agravar ainda mais sua situação, fica evidente que ele sofria de alguns transtornos mentais, o que eventualmente o fazia se comportar de forma agressiva e descontrolada.

Sem o entendimento, acolhimento e tratamentos adequados, os transtornos mentais tiraram o melhor de Van Gogh. Ele mesmo contava, nas cartas para Théo, que sua aparência desleixada assustava e afastava as pessoas.

Desde sempre somos julgados pela nossa aparência. Ainda precisamos aprender que a genialidade, o talento e a capacidade de alguém não podem e não devem ser medidos pela maneira como essa pessoa escolhe se vestir e se apresentar ao mundo. Muito se fala nos dias atuais sobre a importância da imagem, do *branding* pessoal, e acredito que isso realmente seja um complemento. No entanto, uma imagem trabalhada, polida, elegante e bem planejada jamais substituirá o talento verdadeiro e o chamado da alma.

O herói da nossa história

De vez em quando alguém me pergunta quem considero ser minha maior fonte de inspiração; e a verdade é que nunca tive essa resposta em um único nome. Ou melhor, pensando sobre tudo o que já vivi até aqui, sobre todas as coisas superadas, cheguei à conclusão de que — apesar de ter algumas pessoas que admiro como referência — minha maior inspiração sou eu.

Se olharmos para a nossa história e não tivermos motivos suficientes para sermos a nossa maior inspiração, penso que alguma coisa deve estar errada. Temos o costume de buscar motivação no outro, sempre esperando um impulso externo. Talvez seja hora de parar de achar que a grama do vizinho é mais verde, e, em vez disso, nos dar um tapinha no ombro por manter a grama do nosso jardim em bom estado.

Lógico que podemos, e devemos, olhar para outras histórias em busca de inspiração, mas se nossa força, nossa dedicação, nosso esforço para superar tudo o que tivemos de superar, suportar tudo o que precisamos suportar e sobreviver aos processos a que pensamos não ser possível sobreviver, se tudo o que fomos e o que batalhamos para nos tornar não for motivo de inspiração para seguir em frente... não acho que faça sentido encontrar isso na trajetória dos outros. Seja o super-herói da sua história!

"Há liberdade esperando por você nas brisas do céu"

Depois de tantas decepções, é natural que tenhamos o instinto de proteger nosso coração. Tentamos colocá-lo em um potinho, em um lugar seguro, onde apenas nós temos permissão para entrar. Queremos evitar a todo custo que certas dores se repitam.

No entanto, a verdade é que, mesmo ferido e envolvido nos esparadrapos invisíveis que gentilmente colocamos enquanto nos curamos, nosso coração continua cumprindo seu papel. Ele segue batendo, pulsando, bombeando sangue e amor pelas diferentes partes do nosso corpo e da nossa alma. Mesmo com medo e ciente dos riscos e perigos, cedo ou tarde nosso coração encontrará uma nova maneira de bater: por uma pessoa nova, um novo sonho, um novo lugar.

Não é recomendável tentar impedi-lo ou fazer esforços para suprimir suas batidas mais intensas. O receio da dor e da desilusão não pode nos paralisar e impedir que vivamos plenamente. Afinal, se não temos a coragem e a intenção de usar o nosso coração, qual é o propósito de tê-lo, então? Se utilizarmos esse órgão tão especial e poderoso somente para manter o funcionamento da matéria, corremos o risco de morrer em vida.

O medo de sofrer mais uma vez não deve nos impedir de tentar de novo. Sempre haverá novas pessoas, novos dias, novos sorrisos, novos sonhos. Esta é a única vida da qual nos lembraremos. Talvez, pela minha intensidade, eu não seja a pessoa mais indicada para dar certos conselhos, mas acredito que o medo não pode nos impedir de experimentar os voos eletrizantes e os mergulhos profundos que nossa existência possibilita.

Dizem que quando sentimos muito medo da queda é justamente quando devemos pular.

"Há liberdade esperando por você nas brisas do céu. E você pergunta 'E se eu cair?' Oh, mas, meu(minha) querido(a), e se você voar?"
— Erin Hanson

Às almas gentis e aos corações corajosos, sim

O que as pessoas não sabem sobre você é que, não importa a altura da queda, você sempre se levanta. Você tem um poder de resiliência admirável, é capaz de enfrentar as adversidades e superar os desafios que a vida coloca em seu caminho. Sua capacidade de recomeçar é notável. Você, mais do que qualquer pessoa, sabe quando é preciso se transformar. A flexibilidade e adaptabilidade que você demonstra são atributos valiosos. Diante das adversidades, você é capaz de se reinventar e evoluir, aproveitando cada oportunidade para crescer e se desenvolver.

Você sabe amar como ninguém. O amor que carrega no coração é genuíno e profundo. Sua dedicação e carinho pelas pessoas ao redor tornam você uma alma gentil e generosa, capaz de fazer a diferença na vida daqueles que têm a sorte de cruzar seu caminho.

E é por todo o amor que você carrega e emana que a vida sempre te ampara. O universo responde positivamente ao amor altruísta. As boas ações e os sentimentos positivos atraem energias auspiciosas, que abrem caminho para oportunidades e bênçãos em sua vida.

O universo sempre dirá "sim" às pessoas bondosas, às almas gentis e aos corações corajosos.

Mergulhe de cabeça em você!

As pessoas só conseguem ser honestas com os outros quando são, primeiro, honestas consigo mesmas. Se eventualmente nos pegamos mentindo e enganando alguém, é porque já faz algum tempo que estamos mentindo e enganando a nós mesmos.

É verdade que só podemos oferecer aos outros o que transborda dentro de nós. Nossos relacionamentos, nossas reações a pessoas e situações e a maneira como interagimos com a vida são reflexos de nossa percepção e da relação interna que mantemos conosco. Por isso a frase "nada muda se não mudamos" é tão real.

Quando percebemos que não estamos vivendo como desejamos é quando devemos fazer uma pausa, contemplar as escolhas que nos trouxeram até aqui e olhar para dentro de nós mesmos. Esse movimento de autoconhecimento é constante e infinito.

Como a vida é um fluxo contínuo, estamos sempre diante de novos ciclos, novas fases, novos desafios e novas pessoas, que exigem diferentes versões de nós mesmos. Acessar essas percepções requer a coragem que se deve ter para mergulhar cada vez mais fundo na essência do que somos e na possibilidade do que talvez venhamos a ser.

Dispa-se de todas as versões que você já foi e mergulhe de cabeça em quem você é!

Flertar com as infinitas possibilidades da vida

Muitos confundem intensidade com desequilíbrio, excesso. Mas é importante entender que a intensidade não deve ser culpada pelos nossos exageros e inconsequências.

Intensidade, para mim, é simplesmente sede de viver. É desejo, paixão e uma vontade incessante de flertar com as infinitas possibilidades da vida. É saber que cada segundo do nosso tempo neste plano é único, sagrado, especial e que jamais viveremos um instante sequer da mesma forma.

Flertar com a vida é se dispor a mergulhar nas profundezas de tudo que somos, e tudo que o outro é: se interessar por almas, histórias, sonhos, mais do que por aparência física. Quem é intenso quer beber da fonte da vida, se entregar, dar o melhor de si para o que quer que seja.

Eu acho isso incrível, mas então por que tantas pessoas se envergonham ou até mesmo sentem culpa por serem intensas? Por que tantas pessoas têm medo daqueles que vivem com intensidade? Porque muitos usam a "intensidade" como muleta para justificar as discrepâncias de sua conduta — a reatividade emocional, o descontrole.

Se você integra o time dos intensos, como eu, saiba que não há problema algum em ser e viver dessa forma. Digo isso com propriedade. Mas é extremamente importante que você se conheça, se entenda e reconheça suas sombras e sua luz, para que a intensidade que dá partida no motor de sua jornada seja potencializada e vivida de forma benéfica e positiva. Identifique e entenda suas faltas para que não precise compensar com excessos e, depois, ainda chamá-los de intensidade.

Viva da forma mais honesta, sincera e verdadeira que puder, honrando todos os traços da sua personalidade e essência, sem medo, sem vergonha, sem pudor.

Não permita que os julgadores tirem o brilho dos seus olhos e apaguem a chama que alimenta os seus sonhos e desejos mais íntimos. Faça por você o que ninguém mais poderia.

"Gambling" com a vida

Gambling é uma palavra da língua inglesa que em português significaria algo como "aposta", "jogatina".

Sabemos que em toda aposta existe a possibilidade de ganhar ou perder, mas nós aceitamos o risco, pagamos para ver. E eu acredito que viver seja isso, uma grande aposta. Estamos o tempo todo *gambling* com a vida.

Os nossos relacionamentos também são grandes apostas. Podemos investir tudo o que temos e ainda assim sair perdendo. Ou podemos vencer. Não há outra forma de saber o desfecho a não ser tentar, arriscar, pagar para ver.

Por isso a frase "Vai mesmo com medo" faz tanto sentido para mim. Muitas vezes temos medo de agir, de decidir, de arriscar, mas não fazer nada é um risco maior ainda. O maior perigo que se pode correr é o de não saber como poderia ter sido. Ser assombrado pelos "e se" da vida é tão doloroso quanto não fazer acontecer ou não receber aquilo que gostaríamos.

Gamble, aceite o risco. Pague para ver! A recompensa é ter a consciência de que, perdendo ou ganhando, você ao menos tentou. Está vivendo!

Tudo começa em mim

A prioridade é me conhecer, me curar e me amar; expandir meus horizontes, explorar minha espiritualidade e desenvolver minhas capacidades e competências, para me tornar cada vez melhor para mim mesma. Porque essa é a única forma de ser melhor (também) para os outros e para o mundo. Afinal, só posso oferecer o que transborda em meu peito.

Tudo começa em mim. A paz começa dentro de mim. A mudança começa através de mim. Portanto, não encare o meu compromisso com a evolução como egoísmo. Acredite: quando faço por mim, também faço por você e por todos que me cercam.

Seguir em frente é necessário

Os lutos precisam ser vividos quando ciclos importantes são encerrados. Só assim criamos espaço para o novo, e só assim nos colocamos de fato prontos para o que está por vir. Seja por um familiar ou amigo que se foi, seja por um trabalho que escolhemos deixar ou por um emprego que nos deixou ir. Um relacionamento que terminou, uma mudança de casa, de cidade ou de país.

Sempre que algo significativo termina em nossa vida, precisamos de tempo para processar as emoções que esse encerramento trouxe, para refletir sobre o que devemos levar conosco e o que deve ser deixado no passado.

É normal sentir tristeza, nostalgia, saudade, desconforto e angústia por achar que a vida jamais será a mesma. É bem provavel, na verdade, que ela de fato não seja mais a mesma depois de um fim. Mas isso não significa que não vamos ser felizes de novo. Independentemente do que perdemos, do que fica para trás, acredito que é preciso ter fé de que o melhor está sempre a caminho. O melhor está sempre à nossa espera.

Sinta tudo que precisar sentir. Viva os lutos que precisam ser vividos ao longo da sua jornada, mas lembre-se de que seguir em frente é necessário. A cada término, uma oportunidade para um novo começo surge. Com tempo, aceitação e autocompaixão, abriremos nosso coração para novas experiências, e a vida nos surpreenderá com a beleza que está reservada para nós.

Não quero carregar "quases" na mala

Pior do que um "e se", é um "quase". Um quase amor, algo que quase deu certo. Uma vida quase feliz. Um "talvez" incomoda, mas um "quase" pode machucar muito mais. Deve ser por isso que hoje em dia não tenho mais tanto medo de me arriscar. Eu me jogo no desconhecido, me entrego para o novo sem pensar duas vezes, porque, como diz o ditado, "o não já é garantido", então eu vou sempre em busca do "sim".

Não quero carregar "quases" na mala. Não quero ser assombrada por algo que quase aconteceu. Eu vou para o tudo ou nada, e às vezes isso custa caro. Em todos os sentidos. Ainda assim, prefiro pagar o preço. Não dá para viver só na sombra, precisamos pôr a cara no sol.

Se você tem um sonho, faça o que for possível e adicione uma dose de impossível para realizá-lo. Se não der certo, pelo menos você saberá que tentou; se não acontecer, talvez não fosse para acontecer mesmo. Se você quer muito estar com alguém e viver uma grande história de amor, não poupe esforços, não esconda os sentimentos, não reprima as suas emoções. Se o outro não te oferecer reciprocidade nas atitudes e intenções, não insista; mas, se houver a mínima possibilidade de dar certo, não deixe que nada te impeça de pelo menos tentar.

A vida é curta demais para vivermos na superfície. Tenha coragem de experimentar os mergulhos profundos. Arrisque-se, ou corra o risco de *quase viver*.

Permitir que novas histórias aconteçam

Por muito tempo eu tentei ser o que as pessoas gostariam que eu fosse. Estava presa em uma torre dentro de mim, e ninguém estava vindo para me salvar. Tive que destruir muralhas que eu mesma construí e que acabaram obstruindo a minha passagem ao longo do caminho. Tive que me libertar de situações que nunca me representaram e das algemas que foram colocadas em meus pulsos ao longo dos anos.

Renunciei a tudo aquilo que estava fora do meu controle e assumi as rédeas do restante. Me armei de toda a fé e esperança que existiam em mim e aprendi a importância de me posicionar e defender o meu direito de viver da maneira mais autêntica para mim.

Muita gente teve que sair de cena para que eu pudesse abrir espaço para novos personagens e permitir que novas histórias acontecessem. Mudei o rumo da minha vida quando entendi que só eu tinha esse poder.

Não deixo mais a vida simplesmente me levar. Eu observo os sinais e ajusto o ponteiro da minha bússola para a direção que meu coração aconselha. Se eu sigo sempre a direção certa, não sei, mas tenho feito o melhor que posso, sempre levando em consideração todos os aprendizados, os conselhos que carregam positividade e coerência, as críticas construtivas e tudo mais que tenha vindo para acrescentar.

Ainda não tenho tudo o que quero, mas tenho tudo de que preciso. Sei que fiz e faço o melhor que posso com o que tenho, conforme o momento que estou vivendo, e isso me basta.

Vida, eu não tenho medo. Me chama que eu vou

Quantas vezes nos vemos diante de oportunidades e desafios intimidadores? É natural que o medo se instale em nosso peito, fazendo-nos questionar nossa coragem e nossas capacidades. Mas há algo dentro de nós que nos impulsiona a seguir em frente, a enfrentar tudo de cabeça erguida. É a vontade ardente de viver de maneira intensa, de abraçar cada experiência que o mundo tem a nos oferecer.

A vida é um convite à superação, um chamado para desbravar o desconhecido com audácia e determinação. Ela nos desafia a romper barreiras, a sair da nossa zona de conforto e a seguir em direção ao que nos faz pulsar. Então, por que ter medo?

Eu escolho não temer, pois compreendo que cada oportunidade que se apresenta diante de mim é um presente precioso. Cada desafio é uma chance de crescimento, de aprendizado e de autodescoberta. E, mesmo que eu falhe, terei extraído valiosos ensinamentos desse processo.

A vida é como uma dança, e eu sou o protagonista da minha história. Se a vida me chama, vou sem hesitar, sem deixar que o medo me impeça de dançar no ritmo dessa música maravilhosa que é viver. Sinto a música ecoando em meu coração, me envolvendo em sua melodia contagiante. A cada passo, a cada movimento, a cada instante, mergulho no fluxo da existência.

Não importa o que o amanhã tem reservado para mim, porque aprendi a confiar nos meus instintos. Confio na minha capacidade de enfrentar os obstáculos que podem surgir no meu caminho.

A vida é uma jornada fugaz, efêmera e repleta de possibilidades. E eu não quero abrir mão de vivê-la ao máximo. Então, desafie-me, vida! Me chame para batalhas, me leve a lugares desconhecidos, me apresente pessoas extraordinárias. Estou pronta para cada desafio que você me oferecer.

Sempre que a vida, em sua grandeza, me convidar a não temer, me intimar a ter coragem e ousadia. Eu responderei: "Estou aqui, pronta para sentir, aprender, amar e ser."

Então, vida, eu não tenho medo. Me chama que eu vou!

Seguir adiante, não importa o que aconteça

Quando as circunstâncias abalam a nossa estabilidade emocional, é importante lembrar que a dor faz parte do processo de crescimento e transformação. É por meio dessas experiências difíceis que aprendemos lições valiosas sobre nós mesmos e o mundo ao redor.

É preciso seguir adiante, não importa o que aconteça. Mas seguir adiante não significa ignorar ou negar a dor e os sentimentos que vêm à tona. Pelo contrário, é se permitir sentir, aceitar e processar as emoções que surgem. É um processo de cura gradual, no qual nos deixamos ser vulneráveis e damos tempo ao tempo. Quando seguimos adiante, estamos escolhendo não afundar na tristeza e na angústia. Estamos optando por não permitir que a dor defina quem somos ou dite o rumo da nossa vida.

Embora seja difícil, seguir adiante nos permite abrir espaço para novas oportunidades, para o crescimento pessoal e para a descoberta de um poder de resiliência que talvez não soubéssemos que tínhamos.

É importante lembrar que seguir adiante não é um processo linear. Haverá altos e baixos, momentos de avanço e momentos de retrocesso. É um processo individual e único para cada pessoa. Lembre-se de que você é mais forte do que pensa e de que a dor não é permanente. Com o tempo, a ferida vai cicatrizar e você vai encontrar um novo sentido e propósito na sua jornada.

Então, mesmo quando machuca, tenha coragem de seguir adiante. Permita-se curar, crescer e transformar. Novas experiências e alegrias estão esperando por você.

Só precisa fazer sentido para você!

Sua jornada é única e especial. Seus sentimentos mais profundos, os desejos que te movem, os sonhos que te inspiram e as metas que você almeja são partes essenciais da sua busca por felicidade e realização. Não se preocupe com o que os outros dizem ou esperam de você. O que importa é que tudo isso faça sentido para a sua trajetória. Essa história é sua. O caminho que você escolheu trilhar é por sua conta e risco.

Portanto, certifique-se de que cada passo dado seja uma expressão autêntica da sua essência. Acredite que você pode, siga seu coração e trabalhe para transformar seus sonhos em realidade. Você merece viver uma vida que realmente importe *para você*.

O verão da sua alma te espera

O verão da sua alma te espera. Essa estação é sobre você. Sobre os seus sonhos, vontades e objetivos. Essa estação é um convite para explorar os recantos mais profundos da sua alma, para mergulhar em seus sonhos, acalentar suas vontades e perseguir seus objetivos com ardor e determinação.

Os sonhos que você guarda em seu coração, as paixões que incendeiam sua alma, tudo isso está pronto para ser vivido e sacramentado pelo calor dessa estação. O verão é uma época de realização, em que você pode se permitir a liberdade de ser quem realmente é sem se preocupar com as imposições do mundo exterior. Seus sonhos são as sementes que foram plantadas em seu coração, e agora é o momento de regá-las, de deixar que elas recebam a luz do sol e criem raízes profundas.

Os obstáculos podem surgir, mas o verão da sua alma te espera com uma brisa suave, que sopra e impulsiona você a superar qualquer desafio e a seguir em frente com confiança.

Sem correr riscos não é possível fazer história

A vida é como um livro em branco, esperando para ser preenchido com histórias ousadas e emocionantes. Mas essa tinta não se espalha sozinha pelas páginas; é preciso ter a coragem de mergulhar na narrativa, enfrentando os riscos e desafios que surgem pelo caminho. Sem correr riscos, a história permanece estática, as páginas permanecem em branco e a aventura nunca se desenrola.

Cada conquista memorável, cada superação notável e cada triunfo inspirador são fruto de ousadias que desafiam a zona de conforto. São as decisões corajosas que dão vida ao enredo, transformando um simples registro em uma epopeia envolvente.

Pense nos exploradores que se aventuraram por mares desconhecidos, nos visionários que desafiaram as normas estabelecidas e nos inventores que correram atrás de ideias revolucionárias. Cada um deles enfrentou incertezas e riscos, mas suas histórias ecoam através dos séculos como exemplos vívidos de que tomar a decisão de se arriscar pode moldar o curso da humanidade.

Os riscos podem levar a desfechos imprevistos, mas mesmo os desafios que se transformam em tropeços contêm lições valiosas. Cada tentativa, mesmo que resulte em uma aparente derrota, contribui para o enriquecimento da narrativa pessoal, adicionando profundidade, aprendizado e crescimento. Sem a coragem de arriscar, a história permanece superficial, carente de emoção e significado.

Então, aceite a incerteza como um convite para o desconhecido, como um desafio que molda sua jornada. Lembre-se de que, embora os riscos possam causar apreensão, é por meio deles que as páginas ganham vida, transformando sua história em uma tapeçaria vibrante e inspiradora. Afinal, sem correr riscos não é possível fazer história.

ACEITAR

Algumas perdas, muitos encontros

Alguns dias, se tivessem título, se chamariam reticências. Alguns dias são amargos, com um gosto acentuado de dor. Alguns dias são nublados, escuros, ainda que lá fora faça sol.

Nesses dias, revisitamos tudo. Questionamos o sentido, o propósito da nossa existência, enquanto somos sufocados por perguntas que parecem não ter respostas.

Existem dias que parecem não ter fim, dias desafiadores, que nos convocam para uma briga desleal porque não temos força para rebater, para lutar, para revidar, tampouco para nos defendermos.

Em dias como esses, não resista. Os momentos ruins trazem mensagens, lições, que só poderão ser recebidas e absorvidas na quietude, no silêncio. Renda-se e se abra para o que a vida quer te ensinar, mesmo quando, na superfície, parece que a intenção é te causar dor. Renda-se e apenas permita a entrada de cada emoção que te visita; elas são passageiras. Elas não te definem, não vêm para ficar. A alegria, a euforia e a animação, cedo ou tarde, passam. Da mesma forma, a tristeza, o desânimo, a dor e a frustração também passam.

As emoções nos percorrem num movimento, numa dança organizada e sincronizada. Alguns passos dessa dança nos levam ao *céu*, outros ao *inferno*. E o que precisamos aprender com os altos deslumbrantes e os baixos agonizantes que visitamos é que a coreografia da vida é feita de movimento, de mudança. Não existe crescimento e evolução na estagnação. Então sinta, sem medo. Tire as emoções para dançar e divirta-se com a melodia que a vida tocar.

Despedidas

É desafiador se despedir de algumas histórias que fazem parte da nossa vida. É difícil dizer adeus às pessoas que protagonizaram certos momentos, à mobília que decorou ocasiões memoráveis e aos livros e às músicas que nos acompanharam durante cada fase. Revisitar essas memórias pode ser doloroso, pois até os momentos mais felizes podem doer quando sabemos que se tornaram apenas lembranças, pequenos instantes que se perderam, mas que ao mesmo tempo foram eternizados em nosso coração.

Quando encerramos ciclos e nos despedimos de um capítulo do livro de nossa vida, também nos despedimos de partes de nós que jamais serão as mesmas. As histórias constantemente têm início e fim, e cada transição nos modifica, trazendo novas experiências e aprendizados. Por mais que saibamos que existem outras vivências à nossa espera, algumas despedidas deixam um sabor amargo na boca e no coração.

Mas é importante lembrar que provar o amargor da desilusão de vez em quando nos faz apreciar ainda mais a doçura, a leveza e o prazer do amor. Nossa trajetória é marcada por contrastes extremos, e, entre tantas despedidas e boas-vindas, vamos degustando e sentindo o verdadeiro sabor de nossa existência.

Livres e totalmente responsáveis pelas nossas escolhas

As batalhas que enfrentamos não são simples ou triviais; são desafios reais que trazem dores genuínas. Entretanto, acredito plenamente que todos esses obstáculos são colocados em nosso caminho com o propósito de nos ensinar, jamais de nos punir. Faço uma analogia com pais que educam com amor incondicional: eles buscam corrigir, ensinar e preparar seus filhos para enfrentar o mundo e seus desafios.

Em vez de enxergar as dificuldades da vida como atos punitivos, prefiro encará-las sob a ótica da ação e consequência. Entendo que viver com livre-arbítrio significa lidar com as consequências de ter escolhido qual caminho seguir. Nesse contexto, não há punição, pois somos livres e inteiramente responsáveis por nossos pensamentos, nossas atitudes e reações. Assumimos total responsabilidade por sermos quem somos, pelas nossas ações e pela maneira que reagimos diante de cada situação que se apresenta em nossa trajetória.

A liberdade de escolha é uma dádiva que nos permite moldar o rumo da nossa vida, mesmo diante das adversidades. Em vez de temer a punição, abraçamos o aprendizado e o crescimento que surgem por meio dos desafios enfrentados. Reconhecemos a força de nossas escolhas e assumimos a responsabilidade pelo nosso destino.

A força do imprevisível é absoluta, irrevogável

Experimentei o gosto suave do verdadeiro poder pessoal quando me rendi à força avassaladora do desconhecido. A força do imprevisível é absoluta, irrevogável. Não há muito que possa ser feito diante do grande e encantador mistério que é a vida senão viver um dia de cada vez. Respirando fundo, sempre com consciência, resignação e fé. Principalmente naquilo que não podemos ver; em tudo que não podemos antecipar, controlar ou mudar. é preciso ter fé no que está por vir.

Há uma beleza sutil, elegante e acolhedora na rendição. Entregar-se para a vida, sabendo que ela vai nos machucar, nos desafiar e nos testar em muitos momentos, é o verdadeiro significado de confiar em algo maior. Essa força superior, soberana, inteligente e benevolente que nos rege sempre tem um plano em ação. Somos guiados para a direção que devemos seguir.

Encontramos várias versões de nós mesmos durante essa jornada, e somos confrontados pelas sombras que complementam nossa luz. São esses os processos que mais nos ensinam. Se escolhermos aprender com humildade, a vida retribui. O bônus das lições aprendidas vem camuflado no amor que recebemos em situações inesperadas. Os milagres, as bênçãos, todas as pequenas e grandes conquistas, são formas de a vida dizer: "Quando você se rende aos meus mistérios, eu te mostro a minha força, o meu amor e a minha boa intenção."

A vida é absoluta! Não resista.

Pelos sussurros da minha intuição

A minha busca é por mim. Somente em mim posso me encontrar. E quando me percebo, me acolho, me recebo, me completo, me amo. É na minha completude que consigo abrir espaço para que outras pessoas também me visitem.

É quando estou ancorada no meu centro que me permito me entregar. Me entrego porque estou inteira, e não porque preciso que me completem. Eu me basto, mas também sei somar. Me basto, mas estarei sempre disposta a receber quem vem para agregar.

Sou suficiente para mim e, apesar de amar a tranquilidade da minha solitude, volta e meia sinto que é preciso abdicar do controle, da lógica e da razão e simplesmente deixar a emoção tomar conta. Seguindo a minha empolgação, me permitindo ser guiada pelos sussurros da intuição e acreditando no caminho que a bússola do meu coração indica.

A fluidez da vida

Que a fluidez da vida me leve para todos os lugares que preciso visitar. Que ela me traga tudo aquilo que está destinado a mim.

Quanto mais os anos passam, mais simples se tornam meus sonhos e desejos. Só quero ter pessoas boas à minha volta e ser uma pessoa boa na vida de alguém. Desejo encontrar contentamento e beleza mesmo nos dias mais ordinários. Desejo ter aconchego para os dias ruins. Desejo estar em paz com a minha consciência e com os desfechos do destino, sejam eles quais forem.

Aceito abrir mão do controle e permito que a fluidez da vida me embale, me carregue e me leve para onde devo ir. Aceito abrir mão do controle e permito que a fluidez da vida me leve ao encontro das pessoas que preciso encontrar e para viver as experiências que preciso ter.

Nada é em vão, ninguém é por acaso

Por mais que desejemos ardentemente que certas coisas aconteçam conforme nossos planos, é essencial aceitar as curvas que a vida nos reserva. Receber os acontecimentos, independentemente do que sejam, com flexibilidade e fé de que tudo está acontecendo como deve ser é o que nos resta diante de algumas situações.

Encontrar paz durante a jornada requer confiança no processo, fé nas voltas, curvas e tropeços que a vida manifesta. É preciso aceitar o que não está sob nosso controle e concentrar esforços naquilo que podemos mudar. Nada surge em vão e ninguém aparece em nossa vida por acaso. Entender o significado da caminhada exige primeiro confiar que cada situação, cada pessoa que cruza o nosso caminho, tem um propósito.

A força do que é possível

É a força da imprevisibilidade que torna a vida empolgante, nos motiva e impulsiona. Somente abrindo mão do controle é que podemos perceber que, de fato, não controlamos quase nada. É a força da possibilidade, a brevidade e a intensidade de algumas conexões que nos mostram que, por mais que tenhamos nos decepcionado, por mais que nosso coração tenha sido machucado e que em algum momento tenhamos duvidado de que nos curaríamos dessas dores, sempre haverá um outro dia. Outras pessoas, outros amores, outras amizades, outras oportunidades, outros lugares.

Sempre haverá outras versões de nós mesmos esperando logo ali, prontas para viver o novo mais uma vez. Prontas para recomeçar, explorar e desbravar. Sempre haverá *melhores* versões de nós, esperando ansiosamente do outro lado do medo, prontas para viver!

Apenas um momento

Somos sorrisos, olhares, toques, sentimentos. Somos jornadas que precisam ser percorridas. Somos histórias que precisam ser contadas. Somos flores, folhas, árvores, raízes, sementes. Somos essa mistura de mundos, dimensões, frequências, valores e vontades. Somos presença e saudade. Somos amor, mas às vezes também somos dor. Somos memórias, sonhos, guerra e paz. Somos seres racionais aprendendo a lidar com a própria irracionalidade. Somos de carne e osso, frágeis e fortes, somos caos, imperfeição, complexidade e simplicidade, tudo ao mesmo tempo. Somos matéria, alma, essência e espírito, tudo em um só corpo. Somos vozes, sussurros, gritos e silêncios. Somos humanos neste plano, mas diante da eternidade somos apenas um momento.

Até que já não fosse mais possível olhar para trás

Uma das dores mais angustiantes é desejar profundamente algo ou alguém, apenas para perceber que não está destinado a acontecer. As coisas simplesmente não se desenrolam conforme nossos desejos, e então nos questionamos e nos revoltamos: por quê? Por que não posso ter aquilo que tanto anseio? Por que não é para ser?

Eu adoraria ter todas as respostas, mas a vida me mostrou que precisamos aceitar, às vezes com dificuldade, que certas coisas simplesmente não vão se concretizar e ponto-final. É uma verdade cruel, eu sei. Injusta, talvez? A realidade é que a vida *é o que é*.

Ao longo da minha jornada, deparei inúmeras vezes com questionamentos como esses, enfrentando situações em que desejei com tudo de mim que as coisas se desenrolassem da maneira que idealizei, mas elas acabaram dando errado. Também lidei com a partida de pessoas que torci muito para que escolhessem ficar ao meu lado, mas que seguiram por outros caminhos.

Então, mesmo com o coração em pedaços, percebi que precisava continuar caminhando, até que não fosse mais possível olhar para trás.

A verdade é que algumas respostas que tanto buscamos talvez nunca cheguem, e é preciso fazer as pazes com aquilo que se perde nas entrelinhas do destino. Nesses momentos de incerteza, aprender a aceitar e seguir em frente é uma lição valiosa. Ao abraçar o desconhecido e reconhecer que nem tudo está ao nosso alcance, crescemos e nos tornamos mais resilientes diante das adversidades da vida.

Mesmo sem todas as respostas, a estrada segue adiante, e é na busca contínua por novos horizontes que encontramos força para superar e seguir em frente.

Entregar-se e confiar no fluxo liberta

A aceitação é um dos segredos da paz. Aceitar o que aconteceu, do jeito que aconteceu. Aceitar o que é. Compreender que nem sempre vamos ter o controle. Aceitar o lugar em que estamos. Honrar e aceitar que fomos o melhor que poderíamos ser até o momento presente.

Resistir causa dor e sofrimento. Entregar-se e confiar no fluxo da vida nos liberta. Aquilo que é irremediável, mas que ainda assim não aceitamos, é o que nos impede de encontrar beleza na vida e de sermos felizes e gratos pelo que temos.

Todas as partes de nós

Compartilhar suas dores, medos, gatilhos e limitações não é fraqueza, não é se diminuir. Essa é a beleza da vulnerabilidade: perceber que nossa força reside justamente nesse reconhecimento sincero, amoroso e acolhedor de nossa humanidade. Não somos super-heróis e não precisamos agir como tal. Somos humanos, e nossa imperfeição também pode ser bonita.

Não é minha intenção romantizar nossos defeitos, longe disso. Mas para conseguirmos trabalhar e melhorar o que precisa ser melhorado, temos que entender, aceitar e respeitar todas as partes de nós.

AMAR

ЛАМА

O amor que mereço receber de mim

O amor que mereço, me dou. A completude que já busquei em outros, finalmente, encontrei em mim. Eu sou a minha casa. O meu templo. Minha energia e meu coração são territórios sagrados, minha companhia é valiosa. O amor que merecemos nos dar é o nosso elixir, a fórmula mágica que nos traz poder, paz e força motriz. Quando aprendemos a nos amar da forma certa, nos tornamos magnéticos, fios condutores de energia transformadora, que atrai e realiza.

Através das lentes do amor

Existem apenas duas maneiras de experienciar a vida: pelo medo ou pelo amor.

A incerteza é uma companheira constante. Não sabemos quando será nosso último dia de vida ou por quanto tempo teremos aqueles que amamos ao nosso lado. A qualquer momento o inesperado pode acontecer, e tudo pode mudar literalmente de uma hora para outra. Se permitirmos que o medo guie nossos passos diante dessas incertezas, sentimentos como angústia, ansiedade, tristeza e frustração tomarão conta de nós, tornando a vida pesada, sufocante e sem propósito.

No entanto, se olharmos para as incertezas através das lentes do amor, o desconhecido se transforma em uma possibilidade empolgante, excitante e convidativa. O amor nos permite enxergar além das adversidades e encontrar propósito mesmo nas situações mais desafiadoras. Quando abraçamos o amor, somos capazes de enxergar além da dor, das dificuldades e das coisas que parecem não funcionar.

É com amor e paciência que encontramos respostas para os questionamentos que nos afligem. Esses sentimentos poderosos nos guiam em direção à compreensão e à sabedoria, nos permitindo encarar as dúvidas com serenidade e confiança. O amor nos conecta com o propósito maior que permeia nossa vida, nos ajudando a compreender que tudo tem um sentido, mesmo quando não o enxergamos. Ao escolher trilhar o caminho do amor, damos espaço para a esperança, a gratidão e a positividade florescerem em nosso coração. Com amor, somos capazes de enfrentar as incertezas da vida com resiliência e gratidão, encontrando força e significado em cada desafio que se apresenta em nosso caminho.

É por meio do amor incondicional que conseguimos transcender as limitações impostas pelo desconhecido, abraçando a jornada da vida com coragem, confiança e leveza.

O bem é o denominador comum

Eu me interesso por uma variedade de temas — muitos deles contidos em áreas de estudo como a filosofia, a espiritualidade, a física quântica e a psicologia. Ultimamente tenho explorado materiais de pessoas agnósticas e ateias. Não me limito a uma única perspectiva, pois temo viver em uma bolha, por isso consumo o conteúdo de diferentes abordagens e assuntos que estimulam meu pensamento e me permitem chegar às minhas próprias conclusões, sem que eu seja diretamente influenciada por ninguém.

Navegando entre esses diferentes universos de tópicos contrastantes, percebi que existem muitos pontos em comum entre as visões e crenças. Um dos livros que li recentemente falava sobre a teoria da felicidade segundo Aristóteles. Um dos fundadores da filosofia ocidental e protagonista de uma história rica, Aristóteles considerava que a felicidade seria o resultado de nossos valores e atitudes virtuosas. A virtude é o princípio das boas ações e do bem-viver.

Jesus Cristo também nos ensinou sobre o amor ao próximo e a Bíblia enfatiza que não devemos fazer ou desejar aos outros o que não gostaríamos que fizessem conosco. O budismo, por sua vez, nos ensina sobre as quatro virtudes, recomendando a construção de um caráter que seja sólido como uma montanha.

O que quero destacar com essa reflexão é que, no final do dia, percebo que todos os grandes mestres, estudos e livros sagrados falam praticamente a mesma coisa: ser bom e fazer o bem é o caminho para encontrar a verdadeira felicidade. Viver uma vida de integridade e valores é o que deve nos mover, inspirar e motivar.

Me ame, mas me deixe livre

Amar é uma escolha sublime e preciosa, mas também é um ato de respeito e compreensão. Me ame, mas compreenda que cada um de nós precisa do próprio espaço, do próprio tempo e de seus processos individuais. Não queira ser minha paz, pois sou responsável por senti-la. Esteja em paz com você para que possamos nos amar do jeito certo.

Me ame, mas não me venere. Somos seres humanos, cheios de virtudes e imperfeições, e é importante que nos mantenhamos humildes diante do amor.

Me ame, mas se ame mais. Cultivar o amor-próprio é essencial para que possamos nos doar ao outro de maneira equilibrada. Apoie meus sonhos e projetos, mas também cultive os próprios objetivos, e lute por eles. O amor é um elo que nos impulsiona a crescer e a buscar realizações individuais.

Me elogie com sinceridade, mas evite exageros. A autenticidade e a moderação nos elogios tornam nossas palavras ainda mais significativas. Me procure nas profundezas dos seus sentimentos, mas não me sufoque. O amor genuíno é aquele que permite que cada um floresça em sua essência, respeitando os limites e as vontades do outro.

Me ame com responsabilidade, disposição e honestidade. Saiba que sou minha, e isso jamais mudará. O amor é uma troca de almas livres, e é assim que desejo experienciá-lo.

Me ame, mas o faça por inteiro. Ou não me terá de forma alguma. Me ame, mas me deixe livre. Me permita voar com minhas asas, pois é nessa liberdade que nos encontraremos.

Que possamos caminhar lado a lado, respeitando e valorizando a singularidade um do outro, celebrando a grandiosidade do sentimento que nos une.

Gentilmente, oferecer-lhes a nossa ausência

Às vezes, é fundamental compreender que, mesmo amando intensamente alguém e desejando estar junto, é necessário manter certa distância. O amor incondicional também tem limite, embora essa ideia possa parecer conflitante. Amar incondicionalmente não implica tolerar tudo sem questionamentos. Algumas jornadas exigem ser vividas em momentos de solitude e, em muitos casos, a melhor forma de auxiliar alguém é, gentilmente, oferecer a essa pessoa a nossa ausência.

É importante entender que, mesmo em relacionamentos cheios de amor, todos nós temos processos individuais. Em muitas ocasiões, dar espaço e tempo para a reflexão e o desenvolvimento pessoal é o que realmente fortalece os laços entre as pessoas.

Não significa que estamos nos afastando permanentemente, mas sim que estamos honrando o espaço e a individualidade do outro. Isso permite que cada pessoa cresça, aprenda e se torne a melhor versão de si mesma. Amar incondicionalmente é também respeitar o processo individual do outro, permitindo que ele encontre seu caminho e sua verdade. É um ato de amor genuíno oferecer a nossa ausência quando ela é necessária, isso demonstra cuidado e compreensão.

Nesse tango entre o amor e o distanciamento, aprendemos a equilibrar o desejo de estar com aqueles que amamos com a necessidade de respeitar sua singularidade. É desse jeito que construímos relacionamentos saudáveis e fortes, baseados em compreensão, respeito e afeto genuíno.

Borboletas na alma

É por quem me dá borboletas na alma que o meu coração quer bater. Mais do que toques físicos, eu desejo a sorte de ter alguém que me abrace bonito, que acaricie os meus sonhos, que acolha os meus medos, que beije as minhas imperfeições e seja presença, independentemente da distância.

É por quem me enxerga além da aparência, por quem se apaixona pela minha essência, que o meu coração anseia bater.

Veemência, vigor, vontade

A intensidade não sufoca; ela preenche. Ser intenso não é exagerar, mas expressar veemência, vigor e vontade. Ser intenso não é se exceder, mas transbordar, se importar e arder pela vida.

A intensidade é a alma manifestando sua paixão por tudo o que toca o coração.

O amor prevalece em mim

Trabalhei muito para me inundar de mim, me preencher com o meu próprio amor. Me empenhei e continuo me empenhando todos os dias para me valorizar mais, apreciar os passos dados até aqui e respeitar a história que construí até o momento. Me esforcei bastante para aprender as lições que os desapontamentos sofridos tinham para me ensinar. Por isso, hoje, quando percebo que estou oferecendo meu amor e energia a alguém que não pode ou não quer me receber em seu mundo, não insisto, não resisto. Hoje, deixar ir é uma das minhas especialidades.

Não temo as despedidas. Meu único medo é a possibilidade de trair a mim mesma. Não preciso de ninguém, absolutamente ninguém, para me completar. Eu me basto. É óbvio, não nego o desejo de encontrar alguém que complemente o que já transborda em mim, mas isso não é mais uma necessidade. A validação de que preciso para alimentar minha autoestima vem de mim mesma, do orgulho que sinto por tudo que já superei e pela maneira gentil como aprendi a me tratar.

Talvez ninguém jamais saiba quão brutais foram os processos que me tornaram uma pessoa mais amável, mas o mais importante é que, independentemente do que aconteça, o amor prevalece em mim.

O amor é, acima de tudo, uma escolha

Eu desejo que você saiba escolher. Eu desejo que seja a escolha bonita de alguém. Eu desejo que você escolha alguém que te escolha de volta independentemente das circunstâncias e das milhões de outras opções. Desejo que você escolha em nome do amor, e não da vaidade ou da necessidade.

Não queremos nem precisamos preencher lacunas. Queremos mesmo alguém para fazer história, dividir nosso melhor. Alguém que não julgue o nosso pior.

Queremos alguém que venha para acrescentar o que já transborda. Queremos amor vestido de felicidade, porque sabemos que merecemos isso. Esperamos encontrar alguém que nos receba e nos aceite do jeito que somos. Alguém que enxergue a beleza que existe em nossas imperfeições. Queremos reciprocidade nos sentimentos, nos gestos, na intensidade.

Desejamos amor com verdade, amor sem favor. Merecemos amor com vontade e disposição. Queremos abraços quentinhos, pernas entrelaçadas, mensagens de bom-dia, um *Oi, como foi seu dia?* Queremos beijo na testa e mãos dadas que se acariciam. Queremos um amor amigo, queremos companheirismo, parceria, e o compromisso que buscamos é com a lealdade.

Queremos tudo isso porque estamos dispostos a retribuir, a nos esforçar, a valorizar o outro e nos comprometer somente com a escolha de amar, porque já sofremos demais, já nos decepcionamos demais e hoje só queremos dar e receber amor na mesma proporção, sem cobranças, sem sufoco. Queremos amor porque amamos amar!

O que ninguém mais pode fazer

Tenho feito por mim o que ninguém mais pode fazer. Tenho dito "não" para as coisas a que costumava dizer "sim" somente pelo medo de desagradar. Tenho protegido minha paz. Tenho colocado meus objetivos e sonhos no topo da minha lista de prioridades porque sei que mereço alcançá-los e realizá-los. Tenho me amado mais, tenho me permitido mais.

E por isso já não deixo que controlem minhas emoções e comportamentos, mesmo que isso signifique que algumas pessoas tenham que ir embora da minha vida. Tenho feito o que é melhor para mim, sem culpa e sem muitas explicações.

O seu melhor é a coisa mais linda sobre você

Não importa o que aconteça, não importa quem vá embora, continue se escolhendo todos os dias. Continue amando tudo o que você já foi e tudo o que se tornou. Saiba que o que você consegue ser é suficiente. O seu melhor é a coisa mais linda sobre você. Ninguém sabe o quanto te custou essa versão de agora.

Ninguém sabe sobre as renúncias que você precisou fazer para chegar até aqui. Porque a única coisa que eles precisam saber é que você reconhece, admite e protege o seu valor. A única coisa que eles precisam saber é que você se ama e jamais vai aceitar menos do que merece.

Não estamos sozinhos

Existem guerras invisíveis e silenciosas acontecendo a todo instante dentro de cada um de nós. Muitos estão se curando de dores que ninguém mais sabe que existem. Os piores dias, aqueles mais sombrios e difíceis de uma pessoa, quase sempre são silenciosos e solitários, por isso é tão importante olharmos para o outro com compaixão mesmo quando não conseguimos entendê-lo.

E talvez uma das grandes lições que devemos aprender é que não precisamos entender os motivos alheios, não cabe a nós julgar o que move, inspira e motiva outras pessoas. Assim como não devemos depender da aprovação de ninguém para seguir os caminhos que escolhemos seguir.

Falar sobre empatia virou clichê. Repetimos por aí que é preciso se colocar no lugar do outro, mas quando nos deparamos com as limitações, defeitos e sombras alheias é quando nossa humanidade e bondade são, de fato, colocadas à prova.

Estamos juntos nessa, então sempre que puder ofereça o seu melhor. A empatia é um presente, uma habilidade misteriosa que a espiritualidade nos ofertou para sentirmos essa conexão com o próximo. Sempre que possível, lembremos uns aos outros de que não estamos sozinhos.

Se você me quer, não me queira em segredo

Me ame em todas as estações. Me respeite em todos os cenários. Me acolha sem limitações. Me ame com intensidade e vulnerabilidade. Sem medo, sem reservas. Se me quer, mostre isso com ações, não apenas com palavras. Palavras podem ser vazias e efêmeras, levadas pelo vento como poeira ao longo do tempo.

A verdadeira demonstração de amor, de desejo, de intenção, está na maneira como você age, como você se empenha em fazer acontecer. Se me quiser por perto, seus gestos devem condizer com suas afirmações.

O amor transcende o verbo; ele precisa ser materializado, concretizado por meio de atitudes consistentes e significativas. Me mostre que me quer com seu comprometimento, sua dedicação e sua presença constante em minha vida.

Não basta me querer em segredo, em pensamentos escondidos e desejos reprimidos. Se verdadeiramente me quer, me deixe fazer parte do seu mundo, me convide para visitar seus planos e sonhos, compartilhe seus projetos, me fale de seus medos. Não espere que eu adivinhe seus sentimentos, seus desejos e suas intenções. Comunique-se de forma clara e direta, seja transparente em suas intenções e expectativas.

Se você me quer, então me mostre, faça acontecer...

Que nunca nos faltem café e amor

Numa simples xícara de café encontramos o despertar da nossa alma, o aroma que embala nossas manhãs e nos prepara para enfrentar o mundo com energia renovada. É o abraço quente que nos envolve, aconchegando-nos nas horas de frio e trazendo conforto em cada gole.

E no amor, ah, no amor reside a magia que dá sentido à nossa existência. É a força que nos move, a chama que nos ilumina e nos faz sentir vivos. No amor encontramos a conexão com os outros, o cuidado e a ternura que nos tornam humanos. É o elo que nos une àqueles que amamos e que nos faz transcender os limites do tempo e do espaço.

Que nunca nos faltem café e amor, pois ambos são como poções mágicas que nutrem nossa alma e nos fortalecem para os desafios que a vida nos reserva. São pequenas doses diárias de prazer e gratidão que nos lembram de valorizar os momentos mais simples e preciosos. E, quando os dias se tornarem turbulentos e as tempestades da vida se fizerem presentes, que possamos recorrer a uma xícara de café e ao amor que nos envolve.

É no calor do café e no calor do abraço que encontramos a coragem para enfrentar as adversidades e a esperança para acreditar que dias melhores virão. Que nunca nos faltem café e amor, para que possamos enxergar a beleza nas pequenas coisas, apreciar os detalhes que muitas vezes passam despercebidos e valorizar as pessoas que tornam nossa jornada mais especial. E que, ao final de cada dia, possamos agradecer por todas as pequenas bênçãos que nos lembram da preciosidade da vida e da importância de cultivarmos a conexão com nós mesmos e com os outros.

Que nunca nos faltem café e amor, pois com eles somos brindados com uma vida repleta de sabor e significado. E que em cada xícara e em cada gesto de afeto possamos encontrar a beleza de existir e a certeza de que, com café e amor, podemos enfrentar tudo o que a vida nos traz.

Uma música que ecoa pela eternidade

A bondade é a linguagem universal do coração, uma comunicação que transcende barreiras e ultrapassa fronteiras. É a essência mais pura e genuína do ser humano, capaz de curar feridas, confortar almas e, literalmente, salvar uma vida. Quando o coração fala com bondade, suas palavras são como melodia suave que toca o coração daqueles que as ouvem. Uma música que ecoa pela eternidade, deixando rastros de afeto e compaixão por onde passa.

A linguagem do coração não necessita de palavras, pois sua verdadeira expressão se manifesta através de pequenos gestos, sorrisos acolhedores e abraços sinceros. É uma conexão íntima que vai além do intelecto, uma linguagem que todos entendem, independentemente das origens, culturas ou crenças.

Na linguagem do coração, a empatia é mestra das conversas. Ela nos permite enxergar o mundo através dos olhos do outro e nos conduz a estender a mão a quem precisa. É a chama que aquece a alma e ilumina caminhos que antes pareciam dominados pela escuridão. Quando escolhemos falar a língua do coração, somos capazes de construir pontes que aproximam almas e encurtam distâncias. Os sentimentos transbordam em gestos sinceros de amor, deixando a vida mais bonita e plena de significado.

AGRADECER

Viver é sentir, e sentir é viver

A forma como os processos se conectam, como as fases iniciam e terminam em nossa vida de maneira organizada e sincronizada, mesmo que a princípio só consigamos enxergar o caos, é algo que me impressiona profundamente. Na verdade, esse entendimento é o que me mantém confiante mesmo quando não tenho motivos suficientes para continuar tendo esperança.

Quando estiver no fundo do poço, sentindo o cheiro e o gosto das águas do esgoto, lembre-se da imprevisibilidade e da rapidez da vida.

Nossa passagem pela Terra é marcada por uma imensa fragilidade. Grande parte da vida adulta é consumida por questionamentos sobre quem realmente somos e qual é o propósito de estarmos neste planeta tão incrível, embora, por vezes, caótico. Na minha modesta opinião, o propósito é justamente este: descobrir quem somos. Esta breve, especial e agitada visita à Terra é um presente; um bilhete premiado que nos permite explorar, sentir e viver.

Então, agradeça pela capacidade de sentir, mesmo quando isso significa acessar níveis inimagináveis de dor, pois, da mesma maneira, também podemos alcançar níveis inimagináveis de amor, força e superação. No efêmero e imprevisível de nossas jornadas, coisas lindas, magníficas e inacreditáveis acontecem. É por essas experiências que devemos trabalhar e ansiar, sempre conscientes de que vivemos em um universo formado por dualidades.

Vamos conhecer o mal, as sombras, vamos enfrentar derrotas, dores e decepções, e tudo isso faz parte da grande magia que é viver. Abra-se para viver a sua grande magia da melhor forma que puder. Celebre o espetáculo de sentimentos, emoções, cheiros, gostos e sabores que o mundo tem a oferecer. É *por isso* e *para isso* que você está aqui: para abraçar a riqueza da experiência humana e se permitir viver plenamente, com todas as complexidades e contradições que isso envolve.

O pulsar da gratidão

Os corações mais bonitos são aqueles que sabem apreciar o que possuem e buscam não se ressentir pelo que lhes falta. A gratidão é uma força potente, magnética, restauradora e curativa. Ela pulsa, quase como se tivesse vida própria, e é impossível entrar em contato com essa energia sem se sentir contagiado.

Por isso, sejamos intencionais e seletivos com as pessoas e as energias que nos cercam. Quando emanamos gratidão, gentileza e amor, atraímos a mesma energia e contribuímos na missão de transformar o mundo em um lugar melhor para todos nós.

Um lugar onde a luz sempre brilha

Sempre me fascinou o fato de que, nao importa quão sombrio esteja o cenário aqui embaixo, em terra firme, quando pegamos um voo e atingimos certa altitude, o céu está sempre serenamente azul. Em algum ponto das alturas da vida, sempre há luz do sol.

Essa ideia é reconfortante para mim, pois sei que, mesmo quando enfrento tempestades e turbulências que abalam minha fé e esperança, posso me elevar acima dessas circunstâncias e encontrar o lugar onde a luz sempre brilha.

Existe um lugar dentro de nós onde sempre faz sol. Lembre-se disso quando a escuridão visitar você.

Nada pode deter uma pessoa que olha a dificuldade nos olhos e não tem medo de falhar

É surpreendente a experiência de morar fora. O coração fica sempre dividido. Já não sei mais onde é minha casa. Já não pertenço a lugar algum e, ao mesmo tempo, me sinto acolhida pelo mundo.

É incrível pensar que quase metade da minha vida aconteceu em Londres. A mulher que hoje olha para a menina que chegou neste país, assustada, sem dinheiro, sem falar inglês e sem ter a mínima noção do que estava fazendo, sorri orgulhosamente! Tudo o que vivi e conquistei nesses anos fora de casa é mérito dela, mérito nosso. Com humildade, posso afirmar que a maioria das pessoas que conheço não suportaria, talvez sequer sobreviveria, tudo que tive de enfrentar sozinha.

Minha vontade de ser melhor foi e sempre será meu combustível. A cada desafio e dificuldade que se apresenta, descubro novas competências e ferramentas que me permitem levantar e continuar. Há 17 anos, provo todos os dias para mim mesma que nada pode deter uma pessoa que encara as dificuldades de frente e não tem medo de falhar. Nada e nem ninguém foi capaz de me parar Nada e ninguém, nunca, vai me parar.

E valeu a pena!

Agradeço a todas as mulheres que vieram antes de mim; elas abriram e pavimentaram o caminho para que eu e você estivéssemos aqui hoje. E agradeço a todas as mulheres e meninas que já fui, nesta e em outras vidas. A todas as versões de mim que suportaram processos extenuantes, longos, dolorosos e cruéis, que permitiram que a minha versão mais forte, gentil e sábia viesse à tona.

Não fosse a resiliência de todas as versões que já fui, hoje eu não teria tantas histórias para contar, não teria aprendido tantas lições, não teria crescido tanto. Eu não teria me tornado quem me tornei sem passar pelos lugares que passei, sem conhecer as pessoas que conheci e sem viver tudo o que vivi.

Celebre quem você já foi e tudo o que está por vir. Eu garanto que será muito melhor do que você imaginou. E lembre-se: use o seu poder de agir e mudar o que sente que precisa mudar para um dia olhar para trás e dizer: "Fiz tudo o que podia, ofereci o melhor de mim, e valeu a pena!"

Quem cultiva gratidão contabiliza suas bênçãos

Experimente ocasionalmente fazer uma boa retrospectiva da sua vida. Experimente reconhecer, com gratidão, tudo que já conquistou, em vez de focar as coisas que ainda não tem, ou de se frustrar com as próprias expectativas. Quando somos gratos pelas coisas mais simples, percebemos as riquezas que acumulamos, independentemente de quanto dinheiro temos em nossa conta bancária. Quem cultiva gratidão contabiliza suas bênçãos, abraça suas imperfeições e usa o fracasso como degrau para dar mais um passo adiante, para avançar.

Não existe fórmula secreta para a felicidade e plenitude. O que existe é o despertar de uma consciência que não se perde no caos do mundo moderno. A felicidade anda de mãos dadas com aqueles que não se esquecem de onde vieram, que não se esquecem de quem são em essência. A paz e a leveza acompanham aqueles que fecham os olhos, respiram fundo, escutam as próprias palavras e se autoanalisam para garantir que seu comportamento, suas atitudes e o que pregam estejam alinhados.

Que nossa maior busca neste plano seja por nós mesmos. Somente com gratidão poderemos olhar para a vida da maneira que ela merece. Somente com gratidão poderemos saciar a fome da alma. Somente com gratidão poderemos honrar a oportunidade que nos foi dada de viver em um universo de infinitas e abundantes possibilidades. Um universo generoso, que só quer de nós um pouco mais de consciência, respeito e apreciação.

Suspiros da alma

1 Cuide-se. Trate-se com amor e respeito. A maneira como você se trata está ensinando a todos ao seu redor como você deseja e merece ser tratado.

2 Buscar a paz que acalma minha alma e o contentamento que abraça meu espírito é minha arte, minha missão, meu trabalho em tempo integral.

3 Que saibamos nos curar daquilo que ninguém sabe para não sangrarmos em cima de quem não nos machucou. Que saibamos receber as sombras e imperfeições do outro com luz e respeito. Todos carregamos histórias e feridas que jamais serão reveladas.

4 A espontaneidade é um bônus do nosso livre-arbítrio. Quando somos espontâneos, exercitamos nossa liberdade e permitimos que a vida nos surpreenda. Às vezes não seguir um plano é o melhor plano.

5 Amor, antes que seja tarde demais. Amor para curar as dores da alma. Amor para reacender a chama da nossa humanidade. Amor para sobre(viver).

6 Sempre teremos apoiadores declarados e aqueles que secretamente desejam o nosso fracasso, ou questionam nossas vitórias. Esteja atento, mas não permita que nenhum deles te distraia.

7 Continue trabalhando em você, continue trabalhando pelo futuro que idealizou para si, pelos seus sonhos, com integridade e honestidade. O poder da sua consistência, perseverança, fé e empenho está abrindo portas que você ainda não pode ver

8 A vida é dança, ritmo, movimento. As consequências dos nossos atos, escolhas e intenções sempre vêm. A colheita daquilo que plantamos sempre chega!

9 É preciso coragem para viver com verdade. Arrisque-se! Nada substitui a experiência. Permita-se! Coisas bonitas te esperam além dos limites daquilo que você acredita poder e merecer.

10 Humildade é sinônimo de coragem. Coragem para admitir a fragilidade sem perder a habilidade de reconhecer quão grande somos. Arrogância é sinônimo de covardia. Só se sente maior e melhor quem tem medo de não ser do tamanho do próprio ego.

11 A beleza é um estado de espírito. É a energia que você emana. É o jeito como você sorri. O brilho dos seus olhos. É como você se comporta, como trata

as pessoas. É como você ama, como ama a si mesmo. Ser bonito é coisa de alma, de essência.

12 Mantenho minha paz confiando de todo o coração que a vida está acontecendo para mim. Para minha felicidade e para minha evolução. Mantenho minha paz confiando que tudo o que está destinado a ser meu jamais vai errar o caminho até mim.

13 A força potente do recomeço traz o ânimo necessário para refazer, repensar e recalcular os passos. Agora é hora de alinhar nossos desejos e objetivos com o plano de ação que decidimos executar. Fazer o que precisa ser feito. É preciso lutar pelo que ambicionamos com gentileza e respeito pelos nossos processos, mas com a disciplina e o foco que os nossos sonhos merecem.

14 Que a sorte esteja sempre do nosso lado, mas que as nossas atitudes e pensamentos andem de mãos dadas com a auspiciosidade da vida. Quando a força de vontade se encontra com a força da ação, *milagres* acontecem. Vá lá e faça! E então veja como a sorte será recorrente na sua vida.

15 Por trás dos nomes, dos títulos e do corpo físico é que existimos verdadeiramente. Se você permitir que esses fatores condicionantes te definam, você terá sempre a alma escravizada pelos que pensam ou esperam que você seja diferente. Os caprichos

do Ego nos impedem de ver com olhos da alma, por isso insisto em dizer que a jornada começa quando nos voltamos primeiro para dentro.

16 Precisamos aprender a doar, a ajudar sem nos esvaziarmos nem negligenciarmos nossas próprias necessidades. A empatia não pode ultrapassar os limites que protegem a nossa saúde física e mental. É uma linha tênue que precisa estar sempre em pauta, sendo revista, respeitada e considerada.

17 Um dos maiores sinais de uma vida feliz é não sentir a necessidade de mostrar ou provar essa felicidade a ninguém.

18 Confiar no processo é fazer as pazes com o que deu certo e o que deu errado. É aceitar que não dá para acertar e vencer sempre. É acreditar que tudo acontece do jeito que deve acontecer, exatamente como precisamos. Porque a maior parte da vida estará sempre além do nosso controle.

19 Trabalhe com afinco, cuide da sua vida, da sua energia, seja uma pessoa boa e confie na sua colheita. Deixe o universo agir. Dizem que ele conspira a favor de quem não conspira contra ninguém.

20 Seja seletivo ao compartilhar sua intimidade, sua energia e seu tempo. Seja intencional com as pessoas que te cercam.

21 Nem sempre distância significa indiferença. Nem sempre devemos explicar nossos motivos, porque o silêncio carrega respostas estrondosas.

22 Existimos nos momentos, e os momentos logo se tornam apenas memórias, lembranças. A vida acontece nos detalhes. Perceba. Sinta. Viva. Aproveite o agora!

23 Na dúvida, seja gentil. Estamos todos aprendendo, estamos todos nos curando de coisas que não falamos para ninguém. Estamos todos fazendo o melhor que podemos.

24 Emocione-se, apaixone-se, surpreenda-se com cada detalhe ordinário da existência. Viva a intensidade do agora. Aceite com humildade a impermanência. Compreenda que a única constante é a mudança, e aprenda a abraçá-la.

25 Não se contente com migalhas de afeto, não aceite vínculos frágeis. Não mergulhe em amores rasos. Não devemos nos contentar com amores que não nos complementam, que não nos impulsionam a ser melhores e não trazem paz. Não tenha medo de esperar pelo amor que merece, pois, quando ele chegar, será um mergulho profundo e bonito, capaz de transcender todas as expectativas e de trazer felicidade genuína para a sua vida. Não aceite menos do que você merece.

26 Lembre-se: o que é importante para você importa. Honre as suas emoções, priorize o autocuidado. Faça do amor-próprio a força que guia e lidera sua vida.

27 Em um mundo cheio de influências e pessoas transitórias, é fundamental saber escolher com quem compartilhamos nossa energia. Devemos manter por perto aqueles que verdadeiramente nos aceitam, respeitam e desejam o nosso bem. São essas pessoas que nos fortalecem, nos inspiram e nos ajudam a crescer. Valorizemos quem nos acolhe de maneira genuína, pois são essas conexões especiais que nos nutrem e nos fazem florescer.

28 Não permita que ninguém sufoque seus sonhos, controle seus passos ou reprima seus desejos. Seja dono do seu destino e persiga com coragem e determinação tudo aquilo que te faz feliz. Os sonhos são asas que nos impulsionam, e ninguém tem o direito de cortá-las.

29 Reciprocidade no amor, na presença, na atenção e na disposição de tentar fazer dar certo. Reciprocidade na distância e na indiferença também. Não tem como transbordar por quem não nos dá nada em troca. Nem mais nem menos. Ou nos encontramos no meio do caminho, ou seguimos direções opostas. Só não vale retribuir o mal; no mais, reciprocidade para quem faz questão e para quem escolhe o descaso também.

30 Em meio à vastidão do universo, há uma coreografia cósmica que transcende a casualidade. Almas não se encontram por acaso; são como estrelas que se atraem e se entrelaçam nos intrincados fios do destino. Cada conexão é tecida com propósito e significado, guiando-nos na jornada da vida. É um encontro predestinado, no qual os corações se reconhecem e as almas dançam em harmonia, selando laços eternos que desafiam o tempo. Nesses encontros preciosos, acessamos uma centelha de divindade que nos conecta ao todo, revelando que cada momento compartilhado é uma poesia escrita nas estrelas.

31 Quando não houver respeito e acolhimento às nossas fragilidades, quando os defeitos não encontrarem compreensão, é quando devemos seguir adiante.

32 Entregar-se aos seus sonhos é abrir asas para voar além das fronteiras do possível e alcançar horizontes que só a determinação e a paixão podem desbravar.

Este livro foi composto na tipografia Lora,
em corpo 10,5/16, e impresso em
papel off-white no Sistema Cameron da
Divisão Gráfica da Distribuidora Record.